MORT ET FUNÉRAILLES

DU JEUNE

FRANÇOIS LUCIANI

ÉLÈVE-MAITRE DE L'ÉCOLE NORMALE

D'AJACCIO

NÉ A CALACUCCIA LE 1er JANVIER 1850

DÉCÉDÉ A AJACCIO LE 2 JANVIER 1870

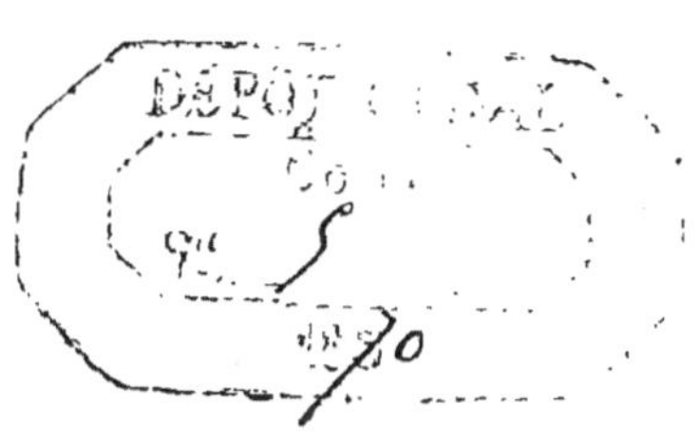

———— •• ————

BASTIA

IMPRIMERIE FABIANI

—

1870.

MORT ET FUNÉRAILLES

DE

FRANÇOIS LUCIANI,

Le jeune François Luciani s'est éteint à la fleur de son âge. Il était encore dans son printemps; il entrait à peine dans sa vingtième année, lorsque la faux de la mort est venue le moissonner. Ce cher jeune homme avait tant de candeur dans l'âme, tant de sensibilité dans le cœur, tant d'aménité dans les traits et dans les manières que nul ne pouvait le connaître sans l'aimer.

Aussi sa disparition subite et prématurée a-t-elle laissé d'amers regrets à ses maîtres, à ses condisciples et à tous ceux qni le connaissaient. Son père surtout et ses deux frères l'ont pleuré et le pleurent encore à chaudes larmes.

Son frère aîné, l'abbé Luciani, est de résidence à Ajaccio au Petit-Séminaire; mais ce n'est pas sans une disposition de la divine Providence que son père et son jeune frère se sont trouvés dans cette ville au moment où le mal se déclarait dans toute son intensité.

Qui pourrait en effet se représenter l'angoisse d'un père infortuné qui n'apprendrait la mort d'un fils chéri que lorsque ce fils, objet de ses plus belles espérances, est déjà descendu dans la tombe ! Le Seigneur n'a pas voulu soumettre à cette accablante épreuve le père de l'élève Luciani. Il s'était rendu à Ajaccio avec son plus jeune fils qu'il se proposait de placer, comme élève interne, au Petit-Séminaire ; et il trouva le jeune François déjà malade à l'école normale. Afin de pouvoir rester plus assidûment et plus librement à ses côtés, il le fit aussitôt transporter dans un appartement de la ville.

Dès lors, lui-même, ses deux fils, M. Vico Noël, propriétaire de la maison, les nombreux locataires, et beaucoup d'autres personnes assistèrent jour et nuit le jeune et intéressant malade, et lui prodiguèrent les soins les plus tendres et les plus empressés. Mais rien ne put arrêter les progrès de la maladie, et le 2 du courant, l'élève maître Luciani, s'endormait de la mort la plus douce, de la mort des prédestinés.

Ses funérailles ont eu lieu le lendemain dans

l'église de Saint-Roch. Après la Messe et l'Absoute auxquelles ont assisté le curé et le clergé de la paroisse, l'abbé Fioravanti, aumônier de l'école normale, plusieurs professeurs du Petit-Séminaire et d'autres ecclésiastiques, le convoi, nombreux et choisi, a défilé vers la place Bonaparte..... Outre les ecclésiastiques déjà mentionnés, on y remarquait les élèves-maîtres de l'École normale, les élèves de l'École annexe et quelques notabilités de la ville. MM. Giacometti, Lefèvre et Gonzalès, professeurs à l'École normale, et M. Angelini, membre du Conseil d'arrondissement, directeur de l'École annexe, tenaient les cordons du poële. M. Antoine Luciani et ses deux fils conduisaient le deuil. M. Constant, directeur de l'École normale, étant retenu chez lui par une assez grave indisposition, a eu le regret de ne pas pouvoir assister à la cérémonie funèbre. Sur la place Bonaparte, l'élève-maître Casanova a lu le discours suivant :

« Avant que la terre bénite couvre à jamais ta dépouille mortelle, nous voulons, cher ami et condisciple, te donner un suprême et douloureux adieu. — Bien volontiers, au lieu d'articuler quelques paroles qui se perdent dans les airs, bien volontiers, nous nous grouperions autour de toi pour te serrer la main, pour nous jeter à ton cou, pour te prodiguer nos larmes et nos embrassements. — Mais hélas! en cette conjoncture si triste et si déchirante, tout cela n'est qu'un vœu stérile et impuissant. Ta main est raide et glacée, ton visage est couvert d'un suaire, tout ton corps est sans vie et sans mouvement. Te voilà étendu dans ta couche funèbre pour y dormir d'un sommeil sempiternel..... Te voilà enveloppé dans le noir linceul qui ne laisse plus découvrir ceux qu'il a cachés sous ses plis.....

« Sévère loi de la nature! dure condition des enfants des hommes! Que de déceptions dans leurs désirs! que d'impuissance dans leurs efforts! que d'inanité dans leurs entreprises !....

« Nous voudrions, cher et regretté condisciple, nous voudrions te dire et te faire entendre combien nous t'aimions, combien nous savions apprécier tes vertus et tes talents, l'aménité de ton caractère et l'affabilité ingénue et délicate de tes manières. Nous voudrions du moins te faire sentir combien nos cœurs sont émus, combien nos âmes sont attristées; mais la mort, la cruelle mort a rompu toute communication d'idées et de sentiments entre toi et tes condisciples. Tu disparais loin de nous, sans pouvoir nous répondre et tu disparais pour toujours. Nous rentrerons bientôt dans notre École normale, nous reprendrons nos exercices habituels, mais toi tu n'y seras plus pour nous servir de modèle dans les classes et dans les récréations, pour nous édifier à l'heure de la prière et du recueillement. Ton poste restera vide dans les cours, dans les salles, dans le sanctuaire, et ce vide sera difficile à combler; car, où trouverons-nous un autre jeune homme qui t'égale et te ressemble? où trouverons-nous ton regard timide et sympathique, ton sourire modeste et gracieux, ta docilité exquise, ta douceur inaltérable? Tu avais reçu en partage les dons les plus rares et les plus précieux; tu brillais, à la fois, par la candeur de tes traits, par le cœur et par l'intelligence; tu étais un modèle parmi les élèves-maîtres, et tu le serais devenu parmi les instituteurs.

« Mais ta belle âme était déjà mûre pour le ciel et le Seigneur a voulu t'épargner les rudes labeurs de l'enseignement. Jouis donc, aimable condisciple, jouis de ta béatitude anticipée, nage au sein de la lumière, chante avec les anges, et quelquefois pendant leur sommeil, apparais radieux à tes parents désolés, répands un baume salutaire sur la plaie saignante de leur cœur, apporte-leur le calme et la résignation.

« Pour nous, tes condisciples, nous reconnaissons la main du Tout-Puissant en tout ce qui nous arrive, nous t'adressons tout en pleurs notre dernier adieu, et nous nous résignons à ne plus vivre avec toi que par le souvenir, jusqu'à ce qu'il plaise à la divine Providence de nous réunir encore une fois dans la demeure de l'éternité. »

Après cette lecture écoutée avec beaucoup d'attention, la plus grande partie de l'assistance est revenue sur ses pas. Le reste du convoi s'est acheminé vers le cimetière. Les élèves de l'École annexe et les élèves-maîtres marchaient sur deux rangs sous la présidence de leur aumônier. Venaient ensuite le cercueil, les parents du défunt et d'autres personnes. Au cimetière, après que M. l'aumônier à eu fait les prières et les aspersions d'usage, M. Angelini a pris la parole pour donner un dernier adieu au cher et regretté Luciani, et s'est exprimé en ces termes:

« Les liens d'affection qui m'attachaient depuis longtemps à l'excellent élève que nous pleurons aujourd'hui, m'imposent le triste devoir de lui adresser quelques paroles d'adieu.

« C'est au collége de Corte que j'ai eu lieu d'apprécier, pour la première fois, les aimables qualités de Luciani et les heureuses dispositions dont il était doué. Son caractère doux et paisible, ses manières respectueuses et polies lui avaient concilié l'affection et l'estime de son professeur et de ses condisciples. D'une régularité et d'une exactitude vraiment remarquables, il ne manquait jamais une seule classe; ses leçons étaient toujours bien sues, et ses devoirs, écrits avec le plus grand soin. Son assuidité au travail et sa bonne conduite me le faisaient souvent désigner à ses camarades comme un exemple à suivre, un modèle à imiter. Toutes les semaines il obtenait des témoignages de satisfaction, et à la fin de l'année scolaire il remporta les premiers prix de sa classe.

« A l'École normale Luciani n'a pas démenti son passé. Soumis à la règle, studieux et diligent, il a toujours mérité des notes excellentes. Notre directeur avait pour lui une bienveillance toute paternelle; ses condisciples l'aimaient comme un frère; M. l'Aumônier et tous les professeurs, lui portaient le plus vif intérêt. Du reste, les larmes qui coulent en ce moment de tous les yeux, sont plus éloquentes que mes faibles paroles et disent assez les regrets et les bons souvenirs que Luciani laisse parmi nous.

« Mais malgré les sympathies dont il était entouré, on voyait depuis quelque temps la tristesse peinte sur son visage. La mort d'une sœur chérie l'avait vivement affecté, et sa douleur trop intense nous inspirait des craintes sérieuses. Son bon frère, ce digne ecclésiastique, s'en était justement alarmé, et il n'a cessé de lui prodiguer les soins les plus touchants. Il a eu recours aux hommes de l'art les plus expérimentés de la ville, mais rien n'a pu vaincre la redoutable maladie qui a enlevé pour toujours le jeune Luciani à l'affection de sa famille désolée, à la tendresse d'un père, déjà si cruellement éprouvé par la perte récente de sa fille, et que la religion seule pourra consoler de ce nouveau malheur....

« Au revoir donc, cher élève! Tu aurais fait dans un avenir prochain un instituteur accompli, mais la Providence t'avait réservé une meilleure destinée. Le bonheur ne se trouve qu'au sein de Dieu; c'est là que tu nous attends, et c'est là que nous espérons te rejoindre un jour. »

Ces paroles bien senties et bien accentuées ont excité l'émotion des assistants qui se sont retirés aussitôt recueillis et édifiés. Toutes ces démonstrations, toutes ces marques de sympathie ont dû consoler la famille Luciani.

C'est aussi dans ce but que nous avons écrit ces quelques lignes et que nous consentons à les publier.

Ajaccio le 5 janvier 1870.

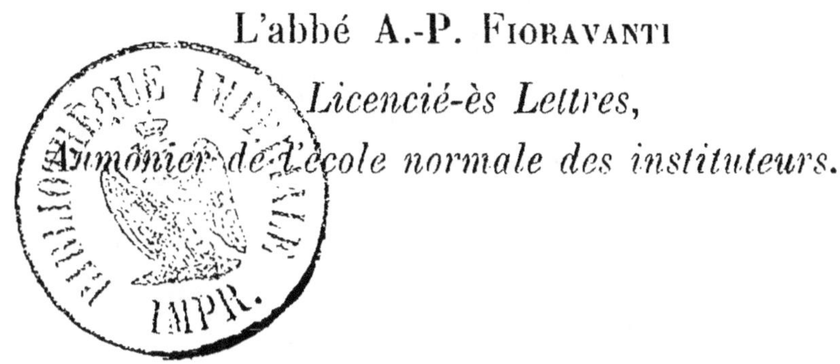

L'abbé A.-P. Fioravanti

Licencié-ès Lettres,

Aumônier de l'école normale des instituteurs.